바람의 속살

지성 · 감성의 메타언어
조선문학시인선 · 279

바람의 속살

송 숙 희 시집

조선문학사

■ 序文

한 점 한 점 향기로운 시가 될 때까지

숲길을 지나간다
봄날의 꽃들은 다 지고
떼죽나무 국수나무 층층나무
그 진한 香들의
기억 속을 지나간다
한 점 한 점 향기로운 시가 될때까지
숲은 참, 멀 거라 여기며...

2010년 己丑年 初秋
송숙희 씀

송숙희 시집 **바람의 속살**

제2부 / 모기가 스님 머리를

제3부 / 숲이 그녀를 본다

제4부 / 무슨 바람이

제5부 / 시집평설

제1부

바람의 속살

송악

어렸을 적엔
담벼락에 덩굴손 깊이 박고 위로 위로 오르는
하늘만 보였는데

송악 위에 쌓인 눈이 바람에 휙휙 날렸을 때

비스듬히 몸을 웅크린 하루가
퍼렇게 얼어붙은 강물 같다는 생각이 들었다

허공에 초승달 막 떠오르며

눈발 속에 그 하루 재우려는 듯
덩굴손 마디마디
노숙의 징검다리 길게 놓고 있다

* 송악 : 땅두릅나무과에 속하는 상록 관목.

병아리 눈물

병아리 눈물 아련한
마음 속의 키를
키우다

잿등 너머
강물 너머
넘실넘실 웃자란

덤으로 흘린 눈물
흙무더기 돌무더기 속 꽁꽁 감추더니
밭두렁 돌고 비탈길 돌고 신발 벗겨지고
발 부르트고

다른 날보다 더 많이
하늘이 지붕을 열었을까요
젖은 눈 주룩주룩 흔들고 가는 비

너무 많이 들여다 봐서

자라지 않는 슬픔도 있는데

빗물에 미끄러진 눈물
제풀에 둥둥 떠내려가는

* 병아리눈물 : 학명은 솔레로리아, 혹은 물방울풀이라고도 하며 아주 작은 풀이라는데서 유래.

무당벌레 동동동

어린 쑥잎 위를
무당벌레 동동동 기어간다
이 이파리에서 저 이파리
사방천지 비단길 내어주고

봄에 취해
흥에 겨워
길 위에 널부러진 채 일박?

깨고나면 일장춘몽일까
백 보 이백 보
무당벌레 동동동 숨이 찬다
등판에 송글송글
길은 참 멀다

불두화

천진암 뜰에 불두화 피어
산아래부터 차오른
생각의 발목을 잡습니다
언제 오고 언제 가는지
헤아릴 수 없이 많은 발자국
뜰 안에 쌓이면서
가슴 속 어둠을 들여다보는
등불 하나 켜고 싶었습니다
제 갈 길도 모른 채 달려오는
바람 한 점
절집 마당에 갇혀 무릎을 꺾는 게 보입니다
풍경소리 밀고 가는 바람의 등도 보입니다
수북한
불두화 한 송이
내 마음밭에 등불처럼
걸어놓고 싶었습니다

피리 부는 여인

거실 한 켠 구석진 자리에 서서 피리 불고 있는 여자는 가느다란 어깨로 중심을 잡는다 때 아닌 비바람 속 갈피를 잡지 못하고 흐르는 봄은 묵묵히 젖은 습기로 여자의 얼굴에 번지고 있다 혼신을 다해 시간을 채워도 그 끝을 알 수 없는 미완의 곡. 지나간 음률의 흔적은 기억조차 없이 그 여자 솟구치는 격조에 몸을 맡기는데 혹 여자가 몰입했던 곡조마다 우두커니 골목에 서 있던 몇몇의 그리움 같은 서툰 유혹들이 자리잡지 않았을까 빗방울 뚝 끊어지듯 서성이던 유혹이 그치면 햇빛 당찬 봄날은 다시 올 터인데 그 여자 아직 움직일 줄 모르고

눈물

시큰거리는 네 이마 붙잡을수록 깊어지는 신경의 골은 저벅거리며 오는 몸 속 걸음이다 날밤을 들락거리는 골똘한 숨소리다 다시 보자고 고마웠다고 돌아서는 어두컴컴한 길의 지평을 열기위해 앞서거니 뒤서거니 물꼬를 트는 너는 얼마나 아린 강물이냐

집착

밥 먹는데 전전긍긍 먹지 않으려고 전전긍긍 짧은 하루 짧은 한 달을 엮어가고 있다 고층아파트에 살며 아래를 내려다보지 못하는 나는 15층 외벽칠을 하다 떨어져 죽은 청년이 가끔 생각난다 그가 지탱했던 줄이 끊어지고 목숨을 담보로 한 그의 아르바이트가 끝난 셈이다 두둑한 손바닥을 짚고 창문을 넘어오는 바람에게도 떨어지지 말고 잘 다녀가시라 조바심내는 저녁 한 계단 한 계단씩 밟지도 않고 아래로 떨어진 성급한 내 시간들의 등을 보며 다친 만큼 그런대로 잘가시라 청년에게도 내게도 다시 길을 내주고 싶은 이 집착

생각

뿌리가 깊어 물을 주지 않아도
두 손으로 꾹꾹 눌러 다져놓아도
이제는 저 혼자 물꼬를 트려니 했는데
발끝에서 머리까지 차오른 물이
가지마다 철병 넘실대더니
퍼낼수록 거슬러오르는 거품처럼
나 하루종일 떠돌고

운일암에서

매미소리 잦아들자 기다렸다는 듯 두리번대는 물소리
8월의 밤이 대낮보다 더 팽팽하게 나를 당긴다
숲은 애써 나무들을 품고 밀린 잠을 재촉하지만
머리 위 별들 그새 잠이라도 들까 깜박깜박 눈썹 세우고 있다
아래로 산 아래로 닫아서 꼭 잠글 마음하나 붙들지 못하고
떠내려가는 목탁소리, 물소리와 한 몸 되어
관세음 관세음 흐르고 있다

새신

골목길 콩콩 뛰어가다 새 구두 닳아질까 조바심이다
허름한 이마 벗겨진 늙은 오빠처럼 얼마 못 가 남루해질
신발 낡아지면 새 신발 하나 사 신으면 되는 거지
발부리에 걸린 나뭇가지 차듯 마음이 먼저 보따리 싼다
비스듬히 발목을 딛고 보랏빛 새 구두 허리가 자지러진다
타박타박 혼자 웃는 웃음 보이는 건 아득히 길의 끝이다

감을 깎으며

올해도 땡감 삼백 개
마루에 펼쳐놓고 껍질을 깎는다
'곶감이 실하려면 된서리 맞기 전에 감을 따야 해
제 살 깎아지는 줄도 모르고
남의 살 깎으며 사는 게 사람이라니까'
누구의 말이었더라, 되뇌이며
혼자서 벗겨낸 감껍질
마루에 금새 분분하다
햇살에 하루하루 감이 익고
감잎 떨어져 다시 감잎 피울텐데
깎여진 감들이 바구니에 가득 차면서
얼굴 붉어지는 지난 날들 바구니에 덩달아 그들먹거린다
감도 몸을 맞대고 자리 다툼하다보면 상한다는데
바람이 지나는 길을 터 놓아야지
면박하던 옛 얼굴
칼 끝에 수북히 밀려나고 있다

찻잔 속에

뜨거운 녹차 한 잔 두 손에 감싸쥐고
조금 쓰건 조금 향기롭건
목젖을 타고 흐르는 미각의 불을 켜면
맘 속 구석구석 감출 것도 없는 정적
불빛에 보태져 흔들거린다
기척도 없이 발자국도 없이 뒤를 좇는
찢어진 비닐우산처럼 온기 없는 세월
돌아보면 모른 척 고개 돌리고 있다
찻잔 속에 갇혀 하루의 시작과 끝을 더듬어보는 나는
있다가 없기도 하고
없다가 있기도 한 마음처럼
혼자서 이리저리
출렁거린다

콩란

한군데서 정 붙이고 참 많이도 살았다
뛰어 넘을 담장도 없이
보란 듯 밀고 들어갈 대문도 없이
다닥다닥 이마가 닿는 그 집

엎어지면 내가 꼭 너인 것 같이
세상살이 별반 다를 것도 없이
두 눈 감고 있어도 조곤조곤 네가 보이는 걸까
온종일 순한 발목들 저리도 엉켜있듯

오래 살아서 외로운

두륜산 천년수 아래 물구나무서듯 거꾸로 선 세월
낡은 발자국들 헤치며 산마루 두리번거리는 그 천 년
오래된 빈집처럼 깊고 적막하다
천 년의 창틀에 잠시 햇살이 고였다 사라진다
할머니의 할머니보다 더 많은 주름을 달고
오래 살아서 외로운 나무
노을에 아슴아슴 저물어가고 있다
나는 아무것도 보지 못하고 천년의 발가락만큼도 못산 그도
여길 지났을까 돌아볼 뿐인데
천 년의 이파리들 흑백사진처럼 뭉텅뭉텅 흩날린다
부서져내린다

* 천년수 : 전남 해남 두륜산 천년수로 대략 1200~1500년 묵은 나무.

자리

마음이 폐지처럼 주눅드는 날 시들어 떨어지는 꽃 아예 보지 않기로 한다 순간의 정적이 나무둥치 속으로 혹은 유리창으로 제 그림자 몰고 가물가물 사라져버린 뒤 어제의 슬픔들 밀려난, 어둑어둑 밀려난 꽃 진 자리에 눈 먼 대못처럼 쾅 쾅 쾅 마음이 거꾸로 아주 거꾸로 박히고 있다

바람의 속살

나무와 나무 사이 짙고 푸른 어둠이 서릴 때
바람이 지나다말고 대뜸 옷을 벗습니다
쭉정이처럼 마르고 꺼칠한 속살인 채
여기저기 나뭇잎을 굴려보는 날개 위로
하늘의 별들이 쏟아집니다
느슨해진 어둠 사이로
바람도 반짝 자신을 보고 싶었을까요
크고 작은 땀방울 맺히는 등이 보이고
상처 많은 맨발도 보입니다
새벽은 기다렸다는 듯 두 손바닥 활짝 펴고
한 점 한 점 이슬로 내리는
바람의 속살을 받아냅니다

제2부

모기가 스님 머리를

봄날 버스에서

쑥부쟁이 이파리에 주저앉아
샐쭉거리며 웃는
저 햇살의 단추를 열어 봤으면

창밖을 가르며 따라 붙는
저 구름의
낭창낭창한 허리를 안아 봤으면

도림사 3월

위를 쳐다보기 싫었을까
너럭바위 위에 바짝 몸을 엎드린
물들의 시선
납작해진 골짜기 허리춤을 끌어당긴다
가깝게도 멀게도 느껴지는 눈앞의 산자락
길모퉁이에 서서 누구보다 먼저
봄을 알아차리는 버들강아지
가랑비에 젖지 않고
구구거리는 산비둘기 음절에도 젖지 않는
솜털 보송보송한 봄을 무릎에 앉히고 있다

보름달

너로부터 등을 돌리고 앉자
비로소 밖이 환하다
흐르는 구름 사이로
생의 전부라 여겼던 소음들 묻히면서
씻은 듯 정갈하게 얼굴을 드러내는 달
빗어 넘긴 머리가 가지런하다
달도 나도 오늘처럼 늘 밝은 게 아니어서
어둠 속 내달리며 구불텅 넘어질 때 한 두 번
아니었다 구름이 제 어깨 너머로 어둠을 감추듯
바람이 제 발목 속으로 흔들림을 숨기듯
네 그림자 풍덩, 호수에 밀어낸
오늘 밤
저리도 환하다

봉숭아

울 밖에는
떠나지 못한 바람이 모이고

울 밑에는
떼 지어 걸어오는 빗방울 모이고

울 일도 참 많아
성치 않은 발목처럼 자주 삐는

늘 젖어
하나같이 입을 다물어버리는
봉숭아 꽃잎

모기가 스님머리를

빡빡머리 비구니 스님
극성스런 모기떼 영 성가시나 보다
윙윙거리는 날개짓 쏘아올린 일침이 하필
스님 머리일까
모기에게도 불성이 있다면 파르스름한 스님 머리 보며
황망한 두 날개 얼른 감췄을 텐데
앉을 듯 설 듯 호흡 고르다
제풀에 미끄러져 숨었을 텐데
애기분꽃 같은 어린 스님 동그란 머리 긁적거리며
배시시 웃지 않았을 텐데

가을 풍경

울퉁불퉁 자갈 깔린 마당을
아랫도리 빨갛게 내 논 사내아이
뒤뚱거리며 맨발로 뛰어다닌다
어린 새의 날개처럼 두 팔을 허우적거리는 품이
금방이라도 넘어질 듯 위태위태하다
아이쿠 이 놈아 넘어지면 코 깨쳐
뒤쫓아가는 할머니
앙상한 손을 뻗혀 아이를 잡으려 하지만
맘 같지 않게 더딘 한 발 한 발 애가 탄다
허탕치는 소매 가득 가을 바람만 헐렁하다
넓은 마당 가로지르는 고추잠자리
꼬부랑 할매가 더 위태롭다는 듯
흔들리는 바지랑대 따라
빨간 고개 기우뚱 쏠리고 있다

꽃잎 있네

햇살이 동동거리는
매화나무 가지

한쪽 볼에 까르르
보조개 피는 꽃잎 있네

뒤뚱거리며 물구나무 서는
어린 꽃잎 있네

제풀에 몸을 던지는
위태위태한 꽃잎 있네

아슴한 강물 위
나룻배로 건너오는

눈물바람 성글성글
어머니 같은 꽃잎도 있네

4월엔

햇살에 주눅 들어
게으르게 뒤척거리는

저 구름같이

어깨를 웅숭그리며 뒷걸음치는

저 바람 같이

옥수수

장맛비에 무너진 논둑
서슬이 퍼런데
길모퉁이 옥수수
물 만난 듯 물씬 자라
나비야 훨훨
날개 같은 이파리에 주루룩 빗물
무럭무럭 옥수수
키 큰 여름

봉숭아 · 2

내게 익숙치 않은 그대의 사랑 되돌려
보냅니다

꼬투리째 와르르 무너진 옷자락에
주홍빛깔 선연히 노을이 고이면

긴 여름 뒤척이던 나의 마음도
뒤곁으로 조용히 무너집니다

오동나무 밑둥에

오동나무 잘라진 밑둥에 나이테 썩어 들어가는 시절 빗물이 호미처럼 얼굴을 후벼팠을 테고 남은 살들 저들끼리 부대끼며 지난 세월 헹구어 냈을지도 그 어떤 별들이 나무의 목숨줄 그렁그렁한 눈으로 쳐다보았길래 새의 가슴처럼 납작하게 엎드려 있던 오동나무 흙무더기 하나로 삭고 또 삭더니 메마르고 우울한 일상을 뚫고 배시시 분홍 애기꽃신 같은 채송화 영문도 모르는 탄생을 보고 있다

억새

눈을 감으면
겹겹이
산 너머 산 같은 얼굴

바짝 비워둔
내 구름 위로

밤새 퍼득거리며
날아 오른다

이슬

새벽 언저리
잠들지 못한 가을이 깊다
밤 사이
애써 고인 이슬은 몸에 맞는
줄기를 타고
천천이 어둠 속을 걸어보다가
속도 잃은 고요를 흔들어 보다가
눈에 익은 길인 듯 가을 속으로

아무도 모르게 헤엄쳤을까
울었을까

산중(山中)

물리면 일곱발작도 못 뗀다는
칠점사 아니라도
발끝까지 물 찬 동의나물 틈으로
초록뱀 한 마리
스르륵 눈앞에 미끄러져
풀이슬에 젖은 눈썹
서로 놀라 껌벅거린다 해도

그늘에 갇힌 오후
바람마저 풀썩 누운 산중에
멈추지 않는 새소리 베개 삼아
끄덕끄덕 졸고 싶기도 한
더이상 흐르지 않게
세월의 발등 꺾고 싶기도 한
몸도 마음도 지금은
산중

어쩌면

우물 속에 첨벙 두레박을 빠뜨렸어요
시치미 떼는 물 위로 두리번대는 두레박

버티고 서 있어도 잡지 못하는 마음처럼
우물 한 번 들여다보고 하늘 한 번 올려다보고

아쉬움 속에 돌아서는데
우물물 동동 턱밑까지 차 올라
두레박줄 절로 두 손에 잡혔지요

새파랗게 젊은 물들
넘실넘실 세상 밖으로 떠나고 싶은 걸까요

어쩌면
내 속에 길 하나
내고 싶은

제3부

숲이 그녀를 본다

구두

어머니 신발장에 가지런히 놓인 구두 속에
날렵한 새 구두 한 결레
팔순 노인의 구두라기보다 젊은 내 발에
맞지 않을까 혼자 중얼거리며 신어본다
새 신으로 밟지 못한 비단길은 어디였을까
세상의 길이란 길 앞서거니 뒤서거니
어머니의 구두들 오르고 또 올랐을텐데
주름 빼곡한 길들 구불구불한 길들
오늘은 어머니 이마처럼 수심이 깊다 만수위다
이따금 흔들흔들 하체까지 빈약하다
꽃무더기 속에 웃고 있던 어머니 젊음은 까마득
잊어버리고 비단길 훌쩍 걷고 싶은 나는
오래 묵힌 어머니 새 구두 얼른 벗지 못하고 있다

옛집

30년도 훨씬 지난
옛 집
헐어진 집터에서
묵히다 묵히다 삐져나온 그늘처럼
느닷없이 온몸에 귀가 솟는
해후

낮고 허름한 담장 위를
그만그만한 형제들
옆구리 밀며 풀풀거리는 민들레 씨앗처럼
가볍게 기어오르고

앞마당에 솥단지 내 건 어머니
짱뚱어탕 추어탕
무수히 연기 피우시더니

여기 봐라
지나간 흔적의 두런두런 말소리

30년도 훨씬 지난
옛집이
그을음 낀 눈으로 거뭇거뭇 저물고 있다

시름꽃

소주 한 병 푹 취해 갯바위에 고꾸라진 오빠 손엔 애써 따모은 애기고동이 한 웅큼이다 누굴 주겠다는 건지 빈손인 채 넘어졌다면 흰 셔쓰 피로 물들지 않았을 거다 깊이 파인 오빠의 상처만큼 폭삭 늙으신 어머니 얼굴 몇날 며칠 눈에 띄게 주름이 깊다 시름꽃을 찧어서 부치자꾸나 부기를 빼는데는 그게 젤이야 온종일 뒷산 헤맨 어머니 가슴에 시름꽃이 한아름이지만 내 눈에 시름꽃은 바로 어머니, 당신이었네

꼬불꼬불타불

치매기에 머리채 잡힌 여든 일곱 노모님
스님이 시키신 아미타불 염불 중 그만 깜박깜박 정신 놓으시다
아미타불 아미타불 시작은 그럴듯한데
애미타불 애미타불 아비타불 아비타불이다
껌벅 껌벅거리는 그녀의 머릿속 어둠
늘 젖어 눅눅한 시야와 맞물리는 게지
여기가 어디쯤 무슨무슨 타불이었더라
구불구불 여든 고개 구곡간장 비추겠다는 건지
난데없는 꼬불꼬불타불 저리도 목청껏 열심이시다

봄날은 간다

구름 속에 떠 있는 기분, 언니 알아?
발 밑 창가에 파도소리 들썩거리고
아카시아 꽃향기 맘 속 취중을 건너는
집 떠난 하룻밤 언니 알아?
휴양지에서 바글바글 솟는 그녀의 목소리
겨우내 거북목처럼 움츠린 봄빛 환하게
물꼬 터뜨려서 이런저런 생각들 모여들어서
쥐고 있던 침묵들 한꺼번에 떨어뜨리듯
민들레 뭉텅뭉텅 길을 떠나듯
그녀도 봄날도 주저없이 흐르며 가고 있다

그네

단풍나무 산책길 사이로 그네가 보인다
슬리퍼 밖으로 기웃거리는 발가락을 위해
캄캄하게 손발 묶인 허공을 위해
그네에 앉는다
무거운 몸 유년을 돌아보는 몸이
어두운 골목길 찾듯 그네 위에서 구불거린다
동생이 가고 아직도 젊은 오라비도 가고
그들이 매달렸던 동아줄은 누더기처럼 군데군데 헤져 있었을까
찬바람에 몸을 비튼 그네줄마냥
내가 잡은 연줄이
비틀비틀
안개의 공중을 건너고 있다

풍경

아파트 놀이터에
빈 깡통 발로 차고 있는 중년 남자
그의 발길질 따라 이마를 부딪치는 깡통
여기저기 무겁게 몸을 뒤집고 있다
앞 뒤 없이 서성이는 바람 틈으로
엿보는 내가 살짝 가슴을 쓸어보지만
누구도 순간의 아픔을 대신할 수 없다
마음도 바짝 허리를 펴면
눈썹 꼿꼿한 상처들 잘 다독거릴 텐데
이부자리 펴 줄 텐데
놀이터에서 집으로 향하는 짧은 길에
중년의 화풀일까 나의 풍경일까
버려진 빈 깡통
바득바득 목이 잠긴다

그녀가 살아 있어

그녀가 좋아했던 마종기 시인 살아있는 꽃을 보면 가슴 아프다는 그의 시 한 구절 떠올리며 전이되는 아픔처럼 살아있는 그녀를 향해 눈물 흘린다 내가 살아 있어 꽃들이 살아 있고 그녀가 살아 있어서 습관처럼 또 다른 아침이 열리고 있다 시들어 쏟아져 내릴 꽃잎들의 근심 허리를 비틀고 굽어진 실뿌리 하나하나 물을 모으고 있는 저 바램 오락가락 술렁이는 아침이 혼자 애처롭다 산중에 겹겹 숨어있을 잿빛 이름 떠올리며 그녀가 살아있어 나도 아프다

숲이 그녀를 본다

울울창창 녹음이
사방으로 새고 있다

흔하디 흔한 인파 속에
눈에 쏙 들게 매끔하다는 듯

그녀를 향해

어깨를 내려놓는
앞을 가리는 챙모자도 벗어버리는
숲

자잘자잘한 일상이
보자기처럼 꽁꽁 묶여지고

더 이상 과거도 아닌
숲이 뚜벅뚜벅 그녀에게 오고 있다

느닷없다

꿈속에서 삐그덕 허리를 다쳤다

어딘가 급히 가는 중이었는데

빨래판처럼 우득우득한 통증 만져졌다

길을 가다 돌부리에 채인 것처럼

느닷없이 아픈 게 이런 거구나

아픈 허리처럼 질끈 밤이 깊어지고 있다

이사

절대절명의 발목인가

휘적휘적 문지방 건너려하는 내 동생

여기 있어 달라 잡지도 못한 채

순한 눈 마주보며 끔벅거릴 뿐

목숨줄 움켜쥐고 가는 곳은 어딘가

먼 길,
어둑어둑 떠나고 있다

이 새벽의 한숨은

꿈속에서 어머니는 늘 병중이시고
나는 어머니 등 뒤
한 발짝쯤 뒤로 처져 있다
바람이 지나가는 골목어귀에
태양이 뚜벅뚜벅 찾아오는 아침이면
암을 이길 수 있겠지
붉은 기운이 솟아나겠지
살아계신 것이 고마워 어머니 발치에
남아있는 정성들을 풀어놓지만
꿈을 깨면
8년 전에 이미 숨을 거두신 어머니
가파른 내리막처럼 미끄러지는
이 새벽의 한숨

해는 지다말고

하루치의 여분일까
산 너머 지다 말고 까치발 딛는 햇살
아무리 봐도 또 그리운
한 때의 풍경 속
어린 새들 머리꼭지 내밀며
울음보를 터뜨리는 그 틈을
해는 지다 말고 자꾸 뒤돌아보네
남은 온기 흐트러지지 않게 꾹꾹 눌러
오늘밤 둥지 틀 곳 찾아야 하는데
해는 지다 말고 자꾸 뒤돌아보네
다시는 못 볼 얼굴인 듯
더러는 힘겹게 뒤돌아보네

그녀가 가고 있다

배가 산 만큼 부풀어 고개 숙여도 다섯 발가락이 보이지 않는 그녀 중심에서 까마득 멀어진 몸 병든 게 거치장스러운 거라고 때론 어쩔 수 없다고도 생각하는 그녀 돌이켜보면 굽은 길 비뚤비뚤 말 못하고 입 다문 슬픔 한 두 가지 아닐텐데 시든 비람꽃 하나 만지작거리는 그녀는 지금 무얼 보는 걸까

한 귀퉁이 떨어져 나간 꽃잎
망망대해 섬처럼 홀로 떠 있는
다시 한 귀퉁이
캄캄하게 한 호흡 지워버리는
손톱 밑에 스러지는 꽃 다 놓아두고
그녀가 어둠 속으로 휘적휘적 가고 있다

동지

나는 얼마나
이 해가 빨리 저물길 원했었던가
찬바람에 두 벌 세 벌 껴 입은 속옷들이
어머니 추위를 막지 못하듯
그 많은 약들이
어머니 아픔을 가라앉히지 못하듯
눈물삼삼 슬픔들이
올해의 악운이려니
남은 달력을 혼자서 수도 없이 넘겼었다
동지가 지나면 올해도 다 가는 거래요
팔팔 끓는 팥물에 동동 새알을 띄우고
어머니 조금만 견뎌보세요
애써 가라앉힌 몸속의 물들
팥물처럼 부글부글 솟아오른다
모르고 지나쳤을 동그란 웃음들 꿈들
행여 새알처럼 풀어질까
국자를 저으며

제4부

무슨 바람이

시 하나 건졌다는

아침부터 북채로 두들기는 듯한 둥둥 빗소리 유리창을 흔드는 바람소리와 함께 풀어지지 않는 생각들 주섬주섬 돌아난다

모처럼 시 하나 건졌다는 친구의 웃음소리 속에도 비가 내리고 있을까

이렇게 비 쏟아지는데 하필 이삿짐 싸고 있을 오빠네 식구 장롱 뒤에 엉클어진 먼지들을 밟고 나오며 빗물에 둘둘 젖고 있지는 않을까

나도 희부연 비의 음영 속으로 이삿짐처럼 덜컹덜컹 실려가는 것은 아닌지
빗물이 더욱 세차게 유리창을 때린다

지하철을 타고

플라타너스 잎에 접힌 가을 힘겹게 내 뒤를 따라 온다
시골뜨기 나는 익숙치 않은 표 한 장 만지작거리며
사람들 어깨 위의 시간들 눈 위에 잠깐씩 흔들어본다
아침에도 불빛 성성한 충무역을 지나자
강물이 보이기 시작하고
산꼭대기
다닥다닥 이마를 맞댄 집들
그 토방에도 신발이 나룻배처럼 커 가는 딸년들 있겠지
사람들이 낮게 흘러내리고 다시 옷깃을 부비며 가득찬다
그들의 가난한 아침 속으로
나도 나란히 나란히 실려가고 있다

꽃집에서

꽃집에 내리는 비는
꽃잎에 핑그르르 도는 눈물이 되다가

생각을 돌이켜

나무끼리 젖은 몸 끌어안게 하더니
주저앉은 빗물에 눈물 씻게 하더니

비닐문을 적시는 바람 주루룩 끌며
키 큰 나무와 키 작은 꽃들의 늦게 늦게 오는 향기

꽃들은 맨살인 채 빗물에 갇히고
나는 그만 꽃집에 갇히고

하던 일 멈추고

우리가 만나서 좋은 일 궂은 일
지금의 집만큼이나 키워져
그 많은 시간을 단추를 풀 듯 하나하나 풀어낼 수 없지만
어쩌다가 이곳이 내 둥지일까
자조도 만족도 아닌 화두로
가끔씩 숨죽이고 생각해 볼 일이다
앞뒤로 층층 엮어진 아파트 창문들에 얼핏 스치는 남자
그리고 여자
가지마다 치닫는 둥지가 있듯
빼곡하게 둘러앉은
집 집 이야기들
눈길 가는대로 문을 열고
별반 다를 것도 없는 세상
하던 일 멈추고 가끔 지켜볼 일이네

소나기

소나기에 물컹물컹 몸이 젖어 편의점에 들른다
에세라이트요
라면 몇 가닥 입에 넣다 말고
주인 아저씨 담배 한 갑 건네준다
통통 불어 사발에 가득찬 라면들

어깨동무하며 좋아라 웃고 있는 면발
구부정한 허리로 오르막길 오르는 면발
손등에 찔금찔금 눈물 번지는 면발

남편 위해 담배 한 갑 거머쥔 손이
꼬불꼬불 빗물에 불어있다

오르막일까
속 편한 내리막인가
소나기처럼 집을 향해 뛰고 있는 이 순간

그 산에

무릎까지 쌓인 눈이
골짜기를 꽁꽁 묶어놓고
갈 길도 되돌아갈 길도 묶어놓고
옆구리에 다닥다닥 산그림자도 없이

첩첩이 무료한 얼굴
온종일 들여다본다

백발 듬성듬성한 늙은이의 치매는
한 평생 기억을 산 아래 묶어놓고
오그라든 어깨 위에 사각거리는 소리도 없이
성큼성큼 돌이킬 발걸음도 없이

첩첩이 무료한 얼굴
온종일 들어다본다

그 산에
그 심중에

눈발 저리도 흩날리는 걸
뿌리 없이 푹푹 쌓이는 걸

여름밤

부시시 말라버린 어깨를 털고
어느 잠 속을 헤매다 오는 어둠일까
이불 속 그늘을 젖히면
와글와글 개구리 울음소리

오래전 고개를 넘는 기억들처럼
하루를 세는 그리움처럼
두 눈 부릅뜬 여름밤 하나
가슴을 뒤척거리며 내게로 오고 있다

별

눈물을 훔치는 손가락 틈으로
별 하나 반짝이더니

세상이 뭔데 그래
지긋이 깨문 입술 위에
물방울 두 개

땅 위에도 제법 많이
별이 구른다

늙은 호박

웬 시름
웬 골이 이리 많아
골짜기마다 묶인
막막한 기억을 뒤집는다
지지리도 못난 생각
뚝뚝 떨치고 싶던
젊은 날의 더운 피
돌아서서 삭히지도 못하고
허옇게 분이 핀 얼굴
호박끼리 마주보며
내통하고 있다

어느새

춥고 어두워질 때
오래된 포도주 한 잔
눈앞에 그윽히 떠올려보지만
포도주 물무늬 하, 사라져 버리고
어느새
그렁그렁 열리는
물 그림
내 그림
내 그리움

의자

눈을 감으면 더 밝게 떠오르는 달빛

몸이 먼저 잡겠다고
갈래머리 흔들었을 때
줄래줄래 두레박처럼 내 앞에 오던
빈 의자

지금도 의자에 앉으면
아주 가까운
너

새

눈보라속 사시나무
있는 힘 다해 웅크린 새 한 마리
임시 거처도 아닌 듯 혼자 삭막하다
가지마다 찰랑찰랑 앉았던 새들 다 떠나고

낭자했던 웃음소리
서로 맞댄 이마들
젖어드는 눈발처럼 텅 빈 옆구리에
자자했을까

깊숙이 부리를 박고
헐어진 옛집 같은 혹한의 기억
얼어붙은 강물을 헤치고 있다

나무들은

잎을 떨군 나무들이 추위에 몸을 옹송거린다 해서
아프게 쳐다볼 것만은 아니다
한 손에서 또 다른 손으로 보따리 옮겨가듯
모양만 다른 근심들이
늘 그만큼의 무게로 남는 세월
발가락 꼼지락대며
햇살을 받는 봄날에도
제자리서 둑을 건너고 강을 건너는 나무들의 상념
추위보다 빠르게 몸이 먼저 울고
햇살보다 빠르게 몸이 먼저 웃어도
모양만 다른 기쁨 그렁그렁해 나무들은
언제나 꿋꿋한 것일까

무슨 바람이

잠이 오지 않고
불편한 명치끝
손바닥으로 연신 쓸어본다
생각조차 생각이 아닌듯도 한
사방의 고요 속에서
넝쿨처럼 뻗힌 내 일상을 본다
허공에 반쯤 걸린 우울 같은
내내 염려스런 가족들 건강 같은
혹 오늘도 나를 기다리셨는지
어느새 풀잎 무성한 어머니 묘지
무슨 바람이 있어
넝쿨잎들 저마다 펄럭거릴까
잠은 기어이 오지 않고
습관처럼 명치끝 꾹꾹 눌러본다

봄날 아침

봄날 아침 목욕탕 건물 옆을 지나며 크고 작은 풀꽃들 오종종 피어있는 걸 본다 햇살이 회색의 담장을 뛰어 넘어 아무런 기척없이 꽃잎 위에 내려설 때 개들의 오물 한 점 까맣게 두드러진다 하필 개들은 하다가 생각이 힘 없이 발등으로 꺾인다 길을 따라 걸으며 나는 줄곧 갈 곳이 없었다 개똥과 초록의 풀꽃잎들 그 위로 생각없이 떠도는 햇살 지나가는 것과 남아 있는 것이란 입술에 꽂히는 이름에 불과한 것일까 스치듯 놓친 마음밭이 묵묵히 봄날을 등 떠밀고 있다

엉겅퀴

잘록한 허리 흔들며
종작없이 들락거리는
바람의 자리

남몰래 엉킨 인연
돌아서서 풀지도 못하고

엉겅퀴

헝클어진 가슴 그대로
재를 넘고 있다

불난 집

불자동차 왱왱거리는 소리에
하던 일 멈추고 창문 열어 본다
가는 비 오시는데
소방차 줄지어 달려가고
뉘 집 바슬바슬 타고 있는 걸까
한 살림 저무는 걸까
불난 집에
부채살처럼 퍼지는 한 생각
맘 속도 그렇고
살림살이도 그렇고
쥐도 새도 모르게 불 질러져
재로 가라앉고 있는

길

네가 나를 잡아도
무슨 생각으로 나를 잠그는지
부지깽이처럼 꺼먼 슬픔
네가 나를 덮쳤으니
오늘 나는 무슨 생각으로
허리 휘어지나
길 위의 내 길
보란 듯 너를 허물고
뒤돌아서 다시 너를 넓히는

제5부

시집평설

맛과 멋의 詩

박 진 환
(문학평론가 · 문학박사)

Ⅰ. 前提

흔히 '맛'하면 미각을 자극하여 일으키는 사물의 성질쯤으로 이해하기 쉽다. 그러나 미각 말고도 어떤 사물이나 현실에서 느껴지는 느낌이나 기분을 나타낼 때도 쓰인다. 그런가하면 제격으로 느껴지는 만족스러움을 표현할때도 맛이란 말을 쓰기도 한다. 그래서 맛깔스럽다 하면 음식맛을 나타낼때 쓰이기도 하지만 마음에 들때의 만족감을 나타낼 때도 쓰인다.

이는 맛이 단순한 감각을 나타내는 맛만이 아니라 정신적 만족감을 드러낼때도 쓰인다는 것을 말해 주는 것이 된다. 그런 예로 미각의 만족도를 나타낼때 맛깔스럽다고도 하고, 미각이 아닌 지적 충족감이나 정신적 만족감을 나타낼 때도 맛깔스럽다고 한다. 그뿐만이 아니라 말을 멋지게 한다거나 감칠맛나게 했을

때도 맛깔스럽게 한다고 하는데 이는 언어가 전달하는 효용이랄까, 기능이 마음에 들었을 때의 만족감을 나타낼때 쓰이기도 한다는 것을 말해 주는 것이 된다.

이로써 보면 맛이란 그것이 감각적이든 정신적이든 그 반응이 내면적인 음성적으로 이루어 진다는 것을 알 수 있는데 이와 대응되는 것이 양성적 반응을 드러내는 '멋'이다.

맛이 음식맛이나 마음에 드는 주로 외적으로 드러나는 반응보다 내적으로 드러내는 반응인데 반해 멋은 외양으로 드러내는 옷차림새나 행동, 됨됨이 등이 흥미를 자아내는 세련미나 우아미를 드러낼 때 쓰임으로써 양성반응의 표출 양식으로 쓰임을 알 수 있게 한다.

이러한 음성이건 양성이건, 어떤 대상이 환기시키는 방응으로서의 맛과 멋은 언어예술이라고 하는 시에도 대입시켜 볼 수 있는데 그것은 시에도 정신적 만족으로서의 내용이 지니는 심층구조로서의 멋이 있고, 레토릭으로서의 외양으로 드러나는 표층구조로서 멋을 지니고 있기 때문이다.

주지하다시피 시는 하이데커가 지적했던 것과 같이 언어를 소재로 하여 창조되고, I. A. 리처즈가 말했던 것처럼 시인은 언어의 기교를 시에 사용하게 되어 있다. 그 때문에 시를 언어의 마술이니 언어회화니로 말하기도 하고 시인을 언어의 지배자, 언어의 마술사라고도 한다.

언어의 양면성인 언어의 의미망에 의해 담아내는 의미로서의 내용이 주는 만족감으로서의 멋과, 언어의 형상화가 안겨주는 세련미와 미적 감각의 표층구조가 체험하게 하는 아름다움으로서의 멋은 그래서 시의 미학으로 시의 가치와 표현기교로서의 레토릭의 우수성을 가늠하는 척도로 사용할 수 있게 된다.

이러한 전제는 송숙희 시인의 시를 조명하는데 미적 가치평가의 척도로 동원될 수 있다고 본다. 그것은 송숙희 시인의 시가 禪味의 맛과 變容의 멋으로 시의 골격이 형성되고 있다고 보아지는데 근거한다.

송숙희 시인이 상재한 시집 『바람의 속살』을 관류하고 있는 흐름은 맛으로서의 禪味와 멋으로서의 變容이라는 두 흐름으로 대표되고 있다고 보아지는데 시를 제시, 이를 구체화 했을 때 시의 본질로서의 맛과 기교로서의 멋의 본태는 극명하게 드러날 것으로 여겨진다.

2. 시의 멋

전제에서 밝혔듯이 송숙희 시의 정신본질이랄까, 정신지향이랄까, 혹은 탈속지향으로서의 禪味는 시의 멋을 감칠맛나게 하는 맛깔스러움을 지니고 있다. 물론 이는 감각적 해석이 아닌 마음에 든다는 맛으로서의 내면적으로 안겨주는 정신적 만족감 같은 것을 두고 하는 말이다.

마음의 정신통일 상태만이 단절시킬 수 있는 잡스러움을 지양, 무아, 정적이라고나 할까, 탈속취향이 환기시키는 시의 정신본질이 체험하게 하는 송숙희 시인의 시미는 확실히 禪味로서의 멋이다. 그리고 이러한 멋은 시인의 정신지향의 내면풍경을 보여준 것이어서 그의 시를 관류하고 있는 맛의 정체를 이해하는데 도움을 줄 것으로 본다.

禪味란 禪의 취미내지는 탈속의 취미로 풀이 된다. 이를 더 적절히 풀이하기 위해서는 禪에 대한 이해가 요구된다. 禪이란 마음을 가다듬고 정신을 통일하여 번뇌 잡사를 끊고 삼무의 경지에서 무아, 정적에의 몰입을 즐기는 일종의 정신적 취미나 취향을 의미한다. 그 때문에 禪은 내면적이고도 정신적 차원에서만이 가능한 고급 취향이 될 수 있게 된다. 송숙희 시의 정신본질은 바로 이러한 禪味로 대표될 것으로 보여지는데 시를 제시, 이를 구체화 했을 때 이해를 도울 것으로 여겨진다.

가) 천진암 뜰에 불두화 피어
산아래부터 차오른
생각의 발목을 잡습니다
언제 오고 언제 가는지
헤아릴 수 없이 많은 발자국
뜰 안에 쌓이면서
가슴 속 어둠을 들여다보는
등불 하나 켜고 싶었습니다?
제 갈 길도 모른 채 달려오는
바람 한 점
절집 마당에 갇혀 무릎에 꺾는 게 보입니다
풍경소리 밀고가는 바람의 등도 보입니다
수북한
불두화 한 송이

내 마음밭에 등불처럼 걸어놓고 싶었습니다

나) 매미소리 잦아들자 기다렸다는 듯 두리번대는 물소리
8월의 밤이 대낮보다 더 팽팽하게 나를 당긴다
숲은 애써 나무들을 품고 밀린 잠을 재촉하지만
머리 위 별들 그새 잠이라도 들까 깜박깜박 눈썹 세우고 있다
아래로 산 아래도 닫아서 꼭 잠글 마음 하나 붙들지 못하고
떠내려가는 목탁소리, 물소리와 한 몸 되어
관세음 관세음 흐르고 있다

다) 뜨거운 녹차 한 잔 두 손에 감싸쥐고
조금 쓰건 조금 향기롭건
목젖을 타고 흐르는 미각의 불을 켜면
맘 속 구석구석 감출 것도 없는 정적
불빛에 보태져 흔들거린다
기척도 없이 발자국도 없이 뒤를 좇는
찢어진 비닐우산처럼 온기 없는 세월
돌아보면 모른 척 고개 돌리고 있다
찻잔 속에 갇혀 하루의 시작과 끝을 더듬어보는 나는
있다가 없기도 하고
없다가 있기도 한 마음처럼
혼자서 이리저리
출렁거린다

예시 가)는 시 「불두화」, 나)는 「운일암에서」, 다)는 「찻잔 속에」의 각각 전문이다.

예시 가)에서의 시어 '천진암'이나 僧頭花라고도 불리는 '불두화' '풍경소리'등은 다 같이 佛을 자동연상 시키는 禪味의 것들이다. 그러나 시어가 환기시키는 단순한 禪味만으로 이 시를 맛보았다고 하는 것은 마치 수박겉핥기와 같은 이치다. 겉이 아닌 수박 속의 맛과 향을 즐겼다고 해서 수박을 다 맛보았다고 한다면 이는 오산이다. 왜냐하면 멋과 향속에 드러나지 않고 秘義로 내재하고 있는, 대소변을 돕는 기능이나 신장염을 돕는 기능으로서의 약효는 물론 피가 되고 살이 되는 자양분으로서의 효용까지를 이해했을때 수박에 대한 총체적 이해에 접근할 수 있는 것과 같은 이치다.

시행 '생각의 발목'이나 '가슴 속 어둠을 들여다보는 / 등불 하나 켜'는 일이나, 불두화 한 송이를 '마음 밭에 등불'처럼 걸어놓고 싶다는 시의 행간에서 환기 되는 뉘앙스는 예외없이 禪味의 것들로서 감각적 맛이 아닌 '마음에 든다'는 정신적 맛을 느끼에 함으로써 禪味를 맛보게 하는데 부족함이 없게 한다.

예시 나)에서의 禪味도 같은 맥락의 것이라 할 수 있다. 시의 후반부 '떠내려가는 목탁소리, 물소리와 한 몸 되어 / 관세음 관세음 흐르고 있다'는 視界의 단순한 한 장면의 컷이 실은 시어 '목탁소리' '관세음'이 환기시키는 선미와 함께 '목탁소리', '물소리', '관세음'이 각기 따로가 아닌 화자의 정신적 覺만이 체득할 수 있는 不二라는 정신풍경과 무관하지 않기 때문이다. 이러한 경우는 또 다른 시 「콩란」에서의 '엎어지면 내가 꼭 너인 것 같이'와 같은 시행에서도 발견되는 禪味보다 한 차원 높은 정신적 경지를 보여준 것이라고 할 수 있다.

끝으로 예시 다)는 禪味를 간접적으로 환기 시키는 암자나 꽃은 물론 직접적으로 환기 시키는 목탁소리, 관세음과는 무관한 일상속에 배어 있는 화자의 禪味를 읽게 하고 있어 시적 취향으로서의 선미의 멋을 은근히 느끼게 해주고 있다.

녹차 한잔을 앞에 하고 '맘 속 구석 구석 감춘 것 없는 정적'이나 '있다가 없기도 하고, 없다가 있기도 한 마음처럼'에서 맛볼 수 없는 非有非無와 같은 구도적 경지라고나 할까, 覺으로 깨우치는 본성의 경지같은 것을 느끼게 하고 있어 더욱 그러하다.

이러한 禪味는 예시 말고도 1부에 수록한 대부분의 시에서 맛볼 수 있는 것들로서 이는 송숙희 시인의 시를 관류하고 있는 시의 주류 하나가 禪味임을 말해 주는 것이라고 할 수 있다.

3. 시의 멋

송숙희 시의 정신적 본질이라고나 할까, 정신적 취향이 라고나 할까, 어떻든 정신적 자족감을 느끼게 하고 맛보게 하는 것이 禪味로서의 시의 맛이라고 한다면 이와 대응하는 것은 멋에 해당될 것으로 본다.

맛이 내향적인 정신적이고 내면적인 것으로 맛볼 수 있는 것이었다면, 멋은 이와는 반대로 외양적 상태가 환기시키는 아름다움과 세련미가 수반하는 흥미를 자아내게 하는 것에서 발견하게 되는 것이 멋이다. 달리 지적하면 시의 表層구조를 이루고 있는 형상화로서의 변용이나 낯설게 쓰기가 체험하게 하는 레토릭으로서의 멋쯤이 된다. 그리고 이러한 멋은 송숙희 시인의 표현의 기교가 체험하게 하고 발견하게 하는 멋이기도 하다. 이 또한 시를 제시 했을 때 이해를 도울 것으로 본다

가) 너로부터 등을 돌리고 앉자
비로소 밖이 환하다
생의 전부라 여겼던 소음들 묻히면서
씻은 듯 정갈하게 얼굴을 드러내는 달
빗어 넘긴 머리가 가지런하다
달도 나도 오늘처럼 늘 밝은 게 아니어서
어둠 속 내달리며 구불텅 넘어질 때 한 두 번
아니었다 구름이 제 어깨 너머로 어둠을 감추듯
바람이 제 발목 속으로 흔들림을 숨기듯
네 그림자 풍덩, 호수에 밀어낸
오늘 밤
저리도 환하다

나) 잎을 떨군 나무들이 추위에 몸을 옹송거린다 해서
아프게 쳐다볼 것만은 아니다
한 손에서 또 다른 손으로 보따리 옮겨가듯
모양만 다른 근심들이
늘 그만큼의 무게로 남는 세월
발가락 꼼지락대며

햇살을 받는 봄날에도
제자리서 둑을 건너고 강을 건너는 나무들의 상념
추위보다 빠르게 몸이 먼저 울고
햇살보다 빠르게 몸이 먼저 웃어도
모양만 다른 기쁨 그렁그렁해 나무들은
언제나 꿋꿋한 것일까

다) 소나기에 물컹물컹 몸이 젖어 편의점에 들른다
에세라이트요
라면 몇 가닥 입에 넣다 말고
주인 아저씨 담배 한 갑 건네준다
통통 불어 사발에 가득찬 라면들

어깨동무하며 좋아라 웃고 있는 면발
구부정한 허리로 오르막길 오르는 면발
손등에 찔금찔금 눈물 번지는 면발

남편 위해 담배 한 갑 거머쥔 손이
꼬불꼬불 빗물에 불어있다

오르막일까
속 편한 내리막인가
소나기처럼 집을 향해 뛰고 있는 이 순간

예시 가)는 「보름달」, 나)는 「나무들은」, 다)는 「소나기」의 각각 전문이다. 예시마다 변용이랄까, 낯설게 쓰기라 할까?, 시적 대상이 환기시키는 자동전달의 관념들을 일제히 배제하고 있다. 그 때문에 친숙성의 것들이 해체되고 대신 비친숙성의 것들이 전면에 배치되는 의도적 낯설은 풍경의 전경화를 이루고 있다. 비친숙성의 것들의 전진 배치가 가져다 주는 낯설음, 이는 달리 얼굴을 바꿔버리는 변용과 다르지 않다. 현대시는 바로 이러한 낯설음과 변용의 의도적인 시법을 차용함으로써 현대적 기획으로서의 제작성에 충실이고자 하고 있다.

송숙희 시인의 시법도 예외는 아닌것같다. 이번 시집에 수록된 대부분의 시편들이 즐겨 낯설게 쓰기라는 변용의 수법을 레토릭으로 선택하고 있기 때문이다. 예시들을 통해 이에 접근해 보기로 한다.

예시 가)는 '보름달'을 형상화한 것이다. 아주 친숙한 사물로서의 보름달에 대한 우리의 관념은 거의 고정화 상태라고 할 수 있다. 한데도 예시에서는 고정관념으로는 접근할 수 없는 자동연상의 통로가 차단되어 있다. 그것은 '보름달'이 상기 시키거나 환기시키는 이미지나 정서로서의 접근을 허용하지 않고 있기 때문인데 달디 지적하면 이 시의 발상이 당돌하고 의외적이며 매우 신선감을 주기 때문이란 것을 성립시킨다. 일종의 낯이 설기 때문에 낯익은 친숙성의 관념으로는 다가갈 수가 없다는 말이 되는데 보름달의 본디의 모습은 해체시켜 버리고 그대신 보름달에서는 체험해 보지 못했던 동떨어진 것들을 동원, 변용을 통해 遠引的 비유를 성립시키고 있기 때문이다.

시행 '너로부터 등을 돌리고 앉자 / 비로소 밖이 환하다'든지, 고정관념화된 보름달의 이미지가 연상시키는 여인상을 '빗어 넘긴 머리가 가지런하다'든지, 보름달의 밝음과는 달리 '달도 나도 오늘처럼 늘 밝은 게 아니어서 / 어둠 속 내달리며 구불텅 넘어질 때' 라든지는 보름달이 환기시키는 자동전달되었던 기존의 고정관념을 의도적으로 차단했을때만 가능하게 되는 비친숙성의 낯설게 쓰기가 되고 낯이 설다는 것은 변용을 통해 보름달의 이미지를 왜곡시켰기 때문이란 뜻이 된다.

예시 나)도 예외는 아니다. 나무를 보는 시각이 생소하고 낯설다. 이는 나무의 모습을 바꾼 변용에 선행해 나무의 모습을 받아들이는 수용의 태도로서의 변용때문으로 보아 줄 수 있다. 나무의 모습을 보면서 새롭게 받아들였을 때만이 새로운 모습으로 재구성내지 재창출 할 수 있게 된다. 이점에서 변용은 모습바꾸기에 선행해 새로이 보는 시각의 변화에 의존했던 것이 된다. 이점에서 변용은 모습바꾸기와 함께 바꾸기 위해서는 바꿔보는 법부터 선행해야 한다는 受容으로서의 변용의 이중구실을 담당한다는 이치는 성립시키게 된다.

예시로 돌아가 보자. 시행 '잎을 떨군 나무들이 추위에 몸을 웅숭거린다 해서 / 아프게 쳐다볼 것만은 아니다' 란 진술은 나무에서 자동전달 되는 칙숙한 연민의 감정과는 동떨어진 비친숙성의 것이다. 그런가하면 '한 손에서 또 다른 손으로 보따리 옮겨가듯 / 모양만 다른 근심들이'도 같은 맥락성을 지닌다. 나무를 근심의 보따리를 들고 있는 것으로 보는, 항용의 시각으로는 상상할 수도 없는 의외의 착상으로서의 컨시트가 환시기키는 비친숙성은 다름 아닌 보는 법, 곧 受容으로서의 변용에 의존된, 역시 비친숙성의 것이다.

이러한 낯설게 쓰기 위한 변용과 낯설게 쓰기 위해 낯설게 보는 受容으로서의 변용에 의해 송숙희의 시는 변용의 미학으로 태어나는 데 이것이 시의 레토릭이 체험하게 하는 멋인 셈이다.

예시 다)는 '소나기'를 대상으로 하고 있지만 이 시 역시 고정관념으로는 접근 할 수 없는, 기존의 시각이나 생각으로는 이해되지 않는 낯설음을 보여주고 있다.

남편의 심부름이라고나 할까, 내조라고나 할까, 어떻든 남편이 피울 담배 한 갑을 사기 위해 편의점에 들른다. 그때 소나기가 쏟아지고 소나기에 젖은 몸은 물컹물컹하기 마련이다. 이 물에 젖어 물컹물컹한 것은 이미지를 편의점주인 아저씨가 먹던 '통통 불어 사발에 가득찬 라면들'로 이동 된다. 이동된 이미지는 '어깨동무하며 좋아라 웃고 있는 면발'을 통해 소나기 삼형제의 이미지로 다시 이동된다. 그리고는 '소나기처럼 집을 향해 뛰고 있는 이 순간'으로 역시 소나기에서 소나기로 연계된다. 매우 재치있는 구성이라고나 할까, 비친숙의 것들을 억지로 결구시키는 폭력적 결합이라고나 할까, 연상과 연상이 이끌어 내는 당돌하고 의외적이고 충격적 이미지들의 탈구현상을 교묘히 결합시켜 내는 전경화로 귀결된다. 역시 낯선 비친숙성으로 결구시킨 낯설게 쓰기다.

이 또한 변용의 멋을 체험하게 하는 송숙희 시인의 시의 멋이라 할 수 있고, 이 멋의 시가 송숙희 시인의 시가 지니는 표층구조라고 할 수 있다.

4. 결어

이 쯤에서 결론은 집약될 수 있을 것 같다. 그리고 집약된 결론은 시의 맛과 멋으로 제시 될 수 있을 것으로 보는데, 맛은 시의 정신적 취향이 맛보게 해주는 禪味이고, 멋은 시의 형상화가 체험하게 해주는 낯설게 쓰기로서의 變容의 미학이 될 것 같다.

•

송숙희 시인은 전남고흥 출신으로 2003년『해동문학』에 시가 추천되어 등단했고 현재는 광주광역시에 거주하고 있다.
E mail::sukik2@ hanmail.net

•

조선문학시인선 279

바람의 속살

2010년 10월 5일 인쇄
2009년 10월 10일 발행

지은이 / 송숙희
발행인 / 박진환
펴낸곳 / 조선문학사
등록번호 / 1-2733
주소 · 110-092 서울 서대문구 홍제2동 96-41
대표전화 / 730-2255
팩스 / 723-9373
ISBN 978-89-93614-39-8

정가 8,000원
⋆ 인지는 저자와 합의 하에 생략
⋆ 잘못된 책은 서점에서 교환해 드립니다.